釋悟觀

作者簡介

一九五五年生，一九七三年進入華梵大學創辦人曉雲法師早年開辦的「蓮華學佛園」就讀，親近曉雲法師三十一年，直至二〇〇四年曉雲法師圓寂。

一九八三年於深水觀音禪寺禮光德寺住持淨心長老披剃出家。

一九九三年十一月二十七日於香港湛山寺承接華梵大崙山曉雲法師天台宗法脈，成為第四十六代法嗣。

一九八五年赴日本大正大學文學院進修十年，博士課程修了，返國後致力於佛教教育工作。

二〇〇七年，高雄「深水觀音禪寺」開山住持開良法師圓寂，悟觀法師接任第二任住持至今，繼續推動開山住持開良法師及華梵大學創辦人曉雲法師所致力的佛教教育與慈善文化事業。

為紀念兩位恩師德澤，悟觀法師後召集成立「普陀山國清教育基金會」，積極推動開良讀書會講座、曉雲法師禪畫講座，並開辦教育部學分認證課程，以及國清書院人文關懷月會等活動。

悟觀法師曾先後於華梵大學中國文學系、哲學系、東方人文思想研究所與華梵佛學研究所、蓮華學佛園擔任教師。專研領域為法華經、中國佛教思想史、天台教觀與止觀。現任華梵大學董事長、深水觀音禪寺住持，傳承法源為大崗山義永法脈（臨濟宗）、華梵大崙山曉雲法師（天台宗）。

法師年少即生出離心，自此非佛不學、非佛不作，留學日本時，更深潛於經藏，得禪宗和天台法髓，入佛法大海，攝受有緣眾生，也是近代重要的學問僧，著作：《般若禪，如來使：心印曉雲導師、開良師父》、《法華經者的話》、《般若與美：一位法師的學佛札記》；主編：《弘願深如海：深水觀音禪寺開山祖師開良法師》、《慈意妙大雲：深水觀音禪寺因緣錄》；並與拾得法師合著：《寶鈴敦觸妙音：共聽心音筆記書》。

寶鈴敦觸妙音

共聽心音筆記書

文字・釋悟觀

書畫印・釋拾得

主編・許悔之

編者前言

「寶鈴千萬億，風動出妙音」，是我很喜歡並且深感的法華經句，短短十字，音韻及境界現前！說佛法的悲智如風，吹拂所及，千萬億只寶鈴（無數的眾生）都會發出美妙的聲音。

要編一本筆記書，結合悟觀法師的文字與拾得法師的藝術創作於一帙，並且留下很多空白，讓讀者可以筆記自己的心聲心音。

所以向悟觀法師敬詢，名為《風動出妙音》可好，悟觀法師以文字賜覆，命名為《寶鈴敦觸妙音》，並以文字說明如下：

「寶鈴千萬億，風動出妙音」，敦觸也。彌陀經之出和雅音，敦觸也。

彌勒菩薩彈指出聲，毘盧遮那莊嚴樓閣門即開，敦觸也。

敦觸之意象，菩提心燈心寶映蔽一切寶色。

譬如菩提心如命根，如明鏡，任持菩薩大悲色身，如淨明鏡普現一切法門影像。

緣緣之緣，燈燈互映。

悟觀法師慈示如上。做為法師著作的編輯，不敢說能理解通透乃至印心，但「幻師對幻人」，這幾年，我沾浸了一些般若法味，受用無窮。

拾得法師以藝為其佛事之一，投入甚深，隨心任運，秉藝業為「如來使」，為世所重。

今取材兩位法師之作，編了這本《寶鈴敦觸妙音》為筆記書，見證他們荷擔如來家業又行雲流水如是，也是一種佛法在人間的祝福和禮物。

——許悔之敬誌

人之尊貴是因心中有佛法的慈悲與智慧，布施有緣人。

一念無念，就是般若淨智，再進一步，
是無念無不念是菩薩慈悲心的精神。

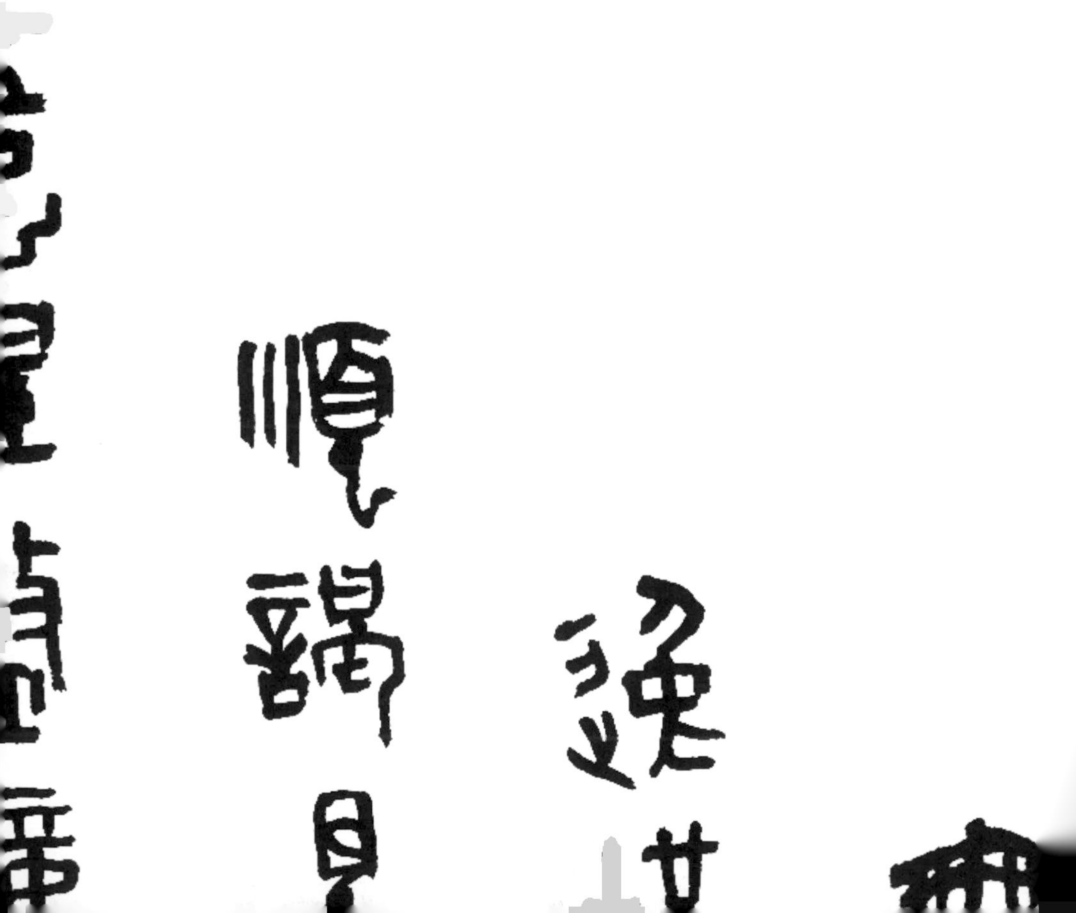

何言
譯抄
邦明

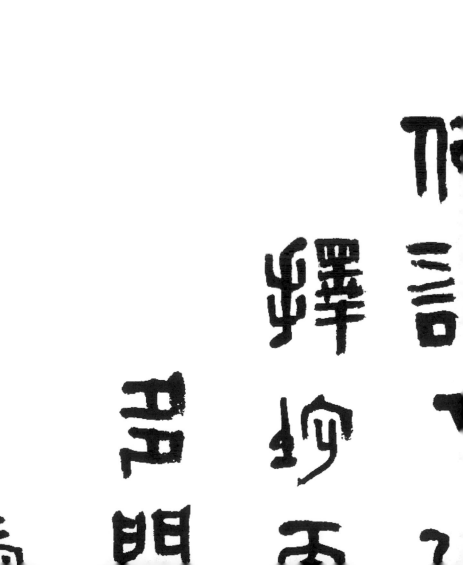

凝心攝念，此心供養於佛，方可無愧，
諸供養中法供養為最，洗心室內秋意淨。
如風鈴般相敦觸和鳴，一聲鈴響、一聲佛號、一個祝福；
「寶鈴千萬億，風動出妙音」的祝福。

悲智是慧動，空寂是禪定；

遵循「六妙門」數息隨息法入定門，

有空方能有定，得知有智慧才能顯發慈悲心。

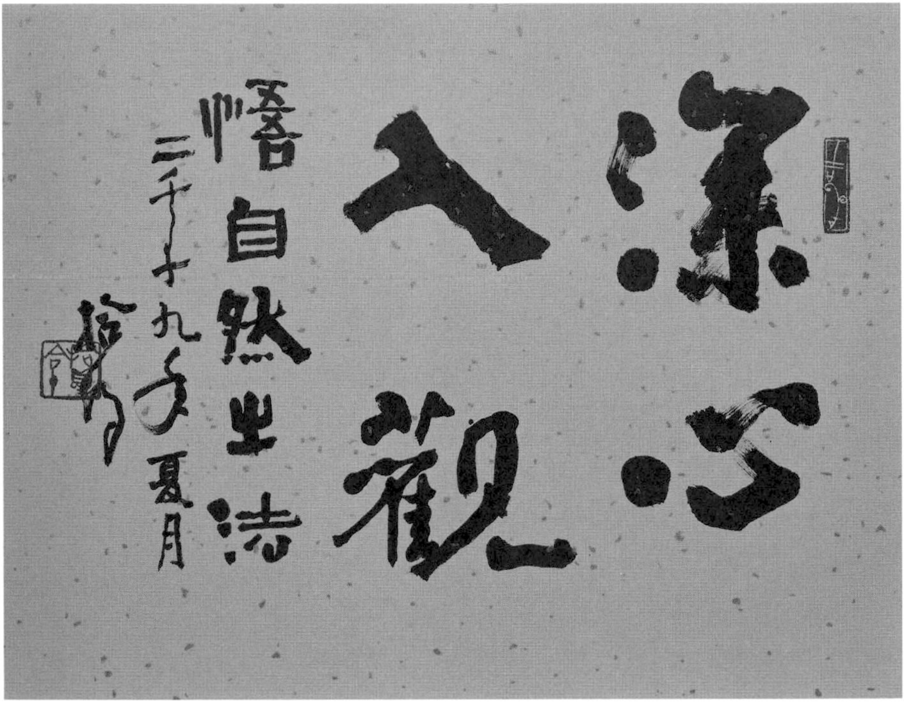
深心
入觀
悟自然生活
二千一十九年夏月

門外青山朵朵，窗前黃葉蕭蕭；
獨坐了無言說，回看妄想全消。
憨山老人。啊！簡單是道，「了無言說」的放下。
「止乃伏結之初門，觀是斷惑之正要。」

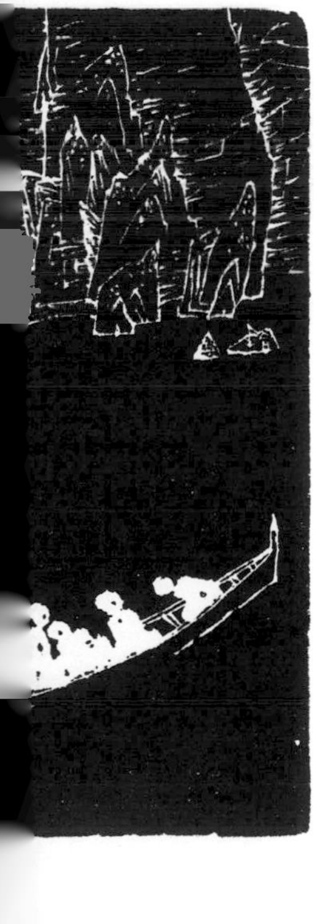

一微塵中有大千經卷，究極本源在息心。

法華即禪，心離妄想，禪之境也，

諦觀現前一念心，觀成妄滅，淨化之心也。

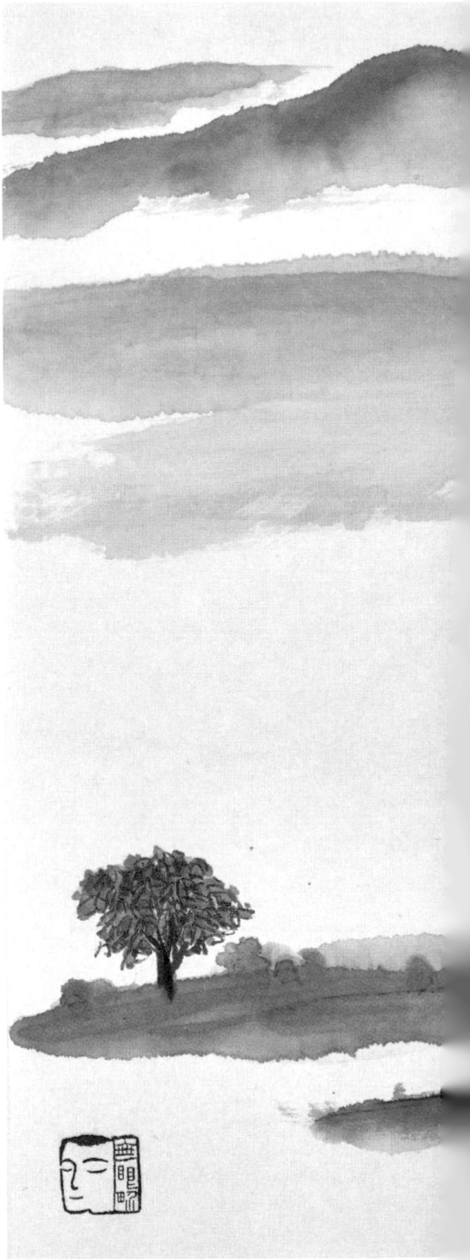

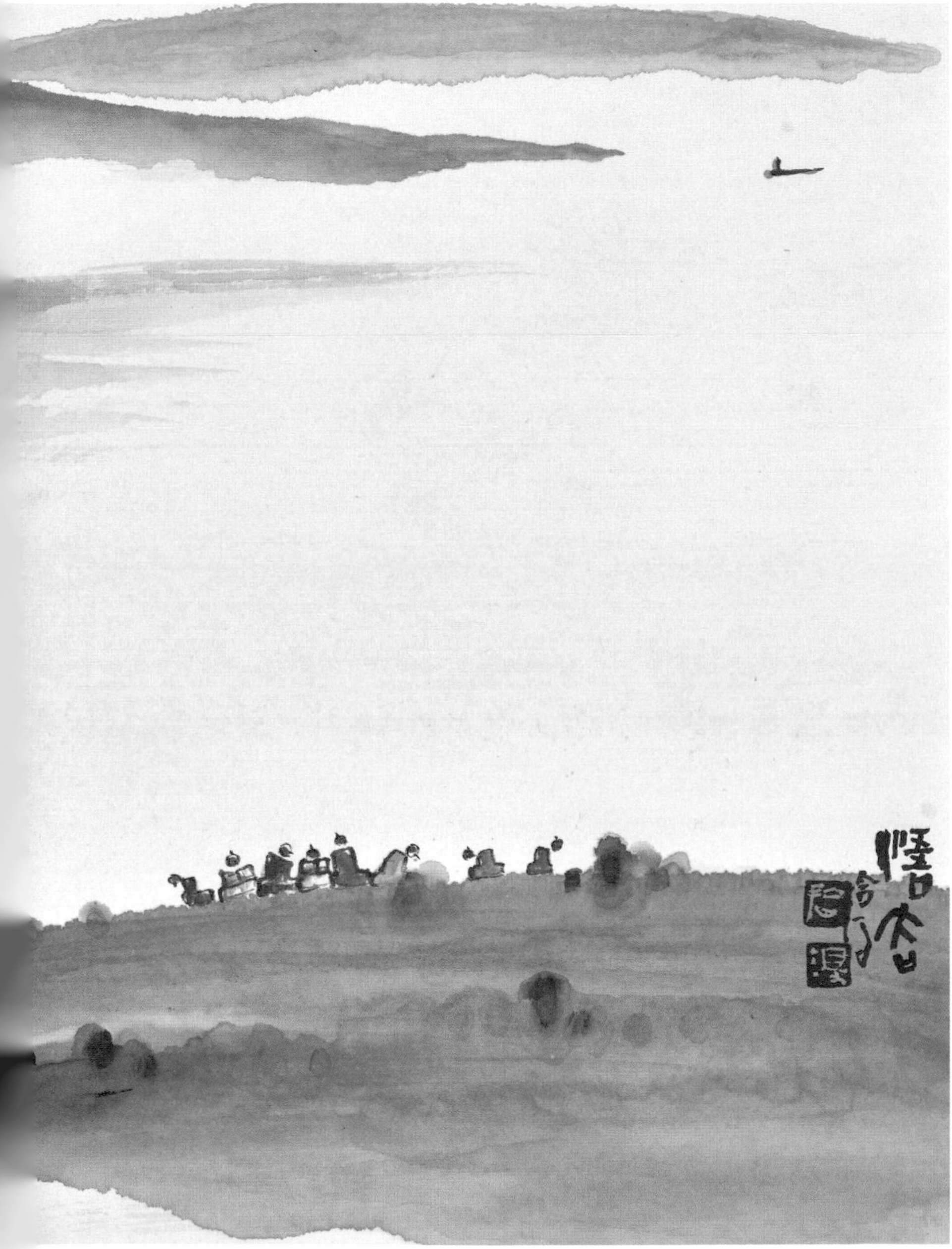

僧家，真正的福報，不是享人天福，

是自己慧命增長的福報，是救護有緣眾生順利的福報。

吉祥經
西元二千十八年
拾得

在濛濛細雨裏，有聲有色，
愉悅了現前一念心的光景。
一切於時空中遷流不止，
「一念心」裏有，
未念、欲念、念、念巳，
動靜相即，
涵蓋了動與靜的樣態在瞬間轉動著。

般若波羅蜜多心經

觀自在菩薩行深般若波羅蜜
多時照見五蘊皆空度一切苦厄
舍利子色不異空空不異色色
即是空空即是色受想行識亦復
如是舍利子是諸法空相不生不

滅不垢不淨不增不減是故空
中無色無受想行識無眼耳鼻
舌身意無色聲香味觸法無眼
界乃至無意識界無無明亦無
無明盡乃至無老死亦無老死盡
無苦集滅道無智亦無得以無所

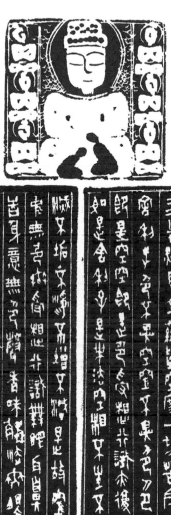

一念正觀現前，就是觀念的湛然澄寂，

湛寂覺觀，是淨化三業所顯的自覺觀照。

不生不滅

身口意所發皆慈悲精進受持佛法，

才是真實性的授職為「法華經者如來使者」。

淨光
徧照
二〇一九 拾乃

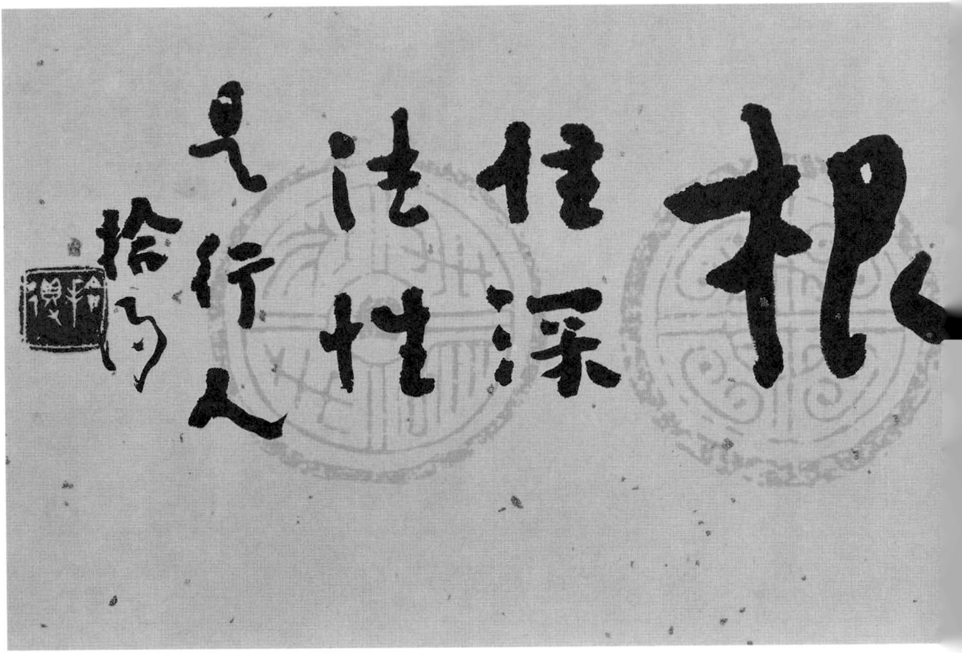
根
住深
法性
見行人

由八正道走
向光明

啊！心香聞見了妙蓮華香。

敬信、身心不動之禪智才是啊！

細細參思！安禪佛道！

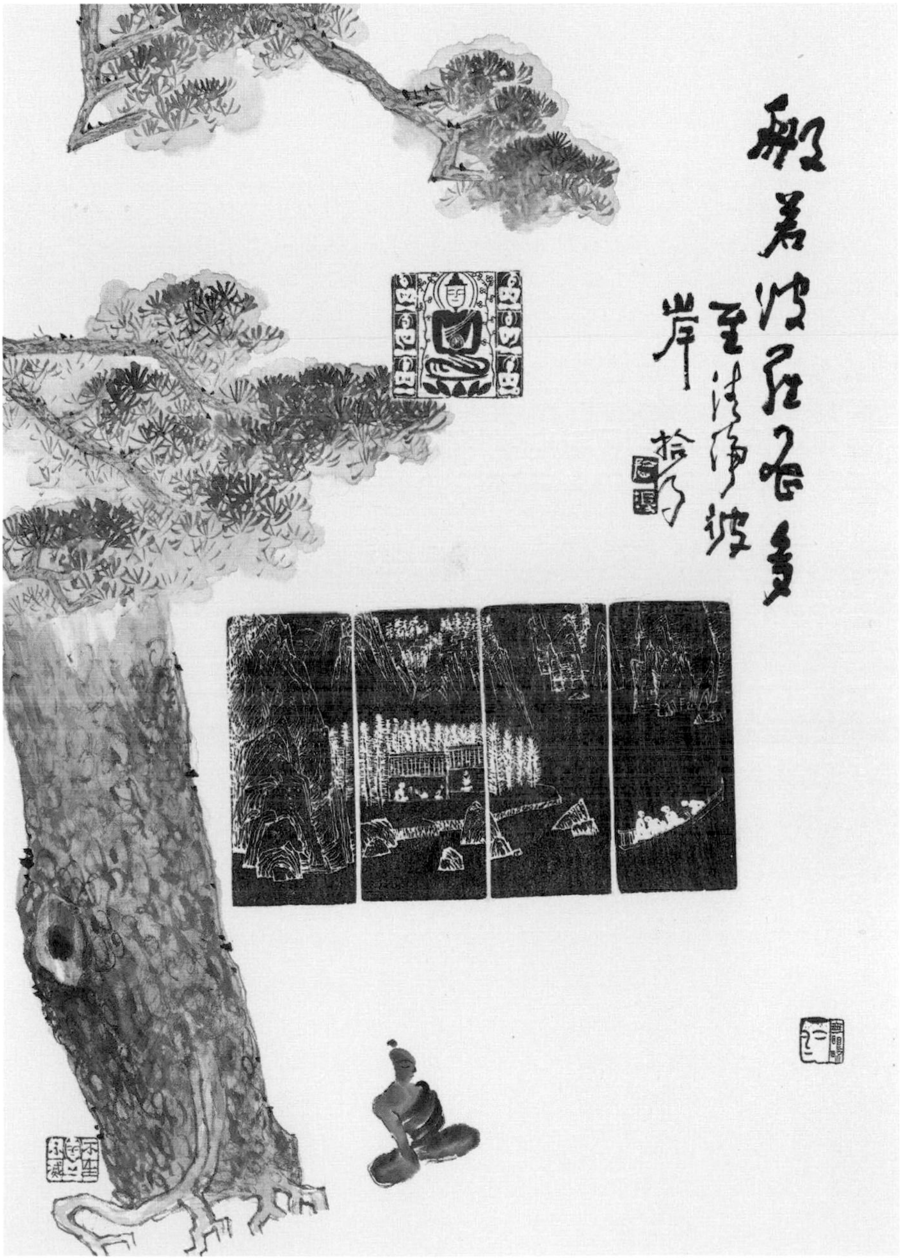
般若波羅蜜多
至清淨彼岸
拾得

菩提心是一切供養的根本，心佛眾生三無差別，
菩薩以尊重承事供奉眾生，發大悲心代眾生苦，
視為己心供奉一切如來，歡喜佛心佛意，
來深植己之慈悲心的體性。

雲居山間
拾得

蛻變，直視著，在看見與調整中，動靜調柔，

看著一個歷境驗心，試鍊過的己心，

淬煉熔合出「菩提淨妙」的模樣。

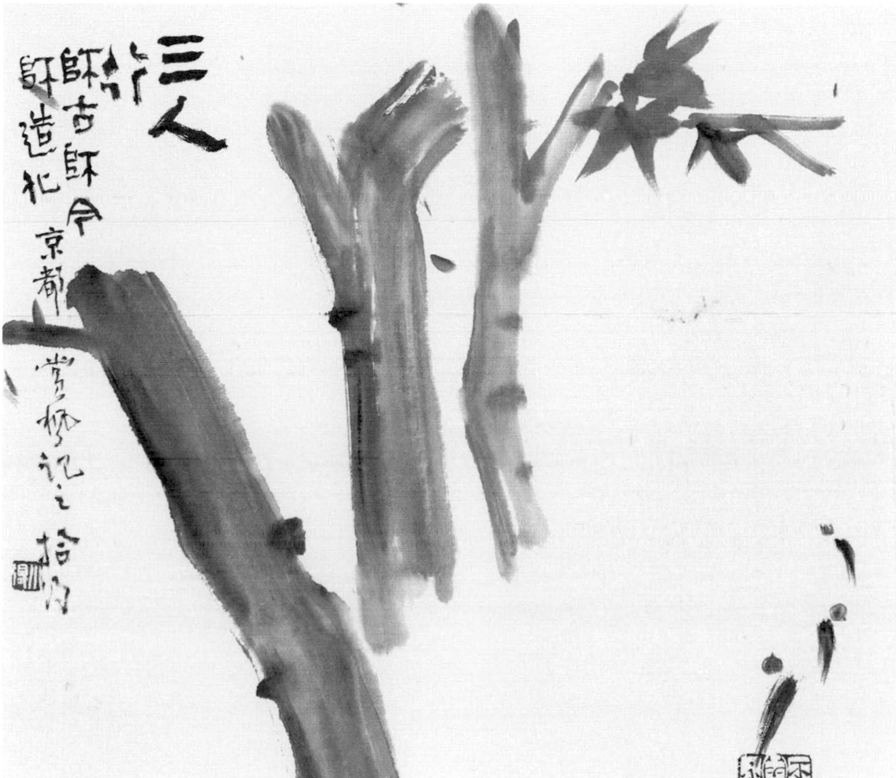
三人行
師古師今
師造化
京都

人人心中有朵妙法蓮華、有本法華經，
依此人人覓得成佛之道，方盡此「佛心護念」耳。

佛說不起怨之親記
智慧尊敬值得善道
南無釋迦如來大慈
修福十善道大正志願
博學多聞持戒精進善
孝學於律儀言談言善語

多願之愛親孝護書處
口說忠正起廉慎仁慈
慎言忿怒莫攝事處焕分
雜穢邪思起戒除酒德
慷慨品文博遍生命好
慈善善謙虛量君心感世間口

佛人，人間佛，菩薩乃佛陀之弟子；

是從佛口生、從法化生、得佛法分的法華經者。

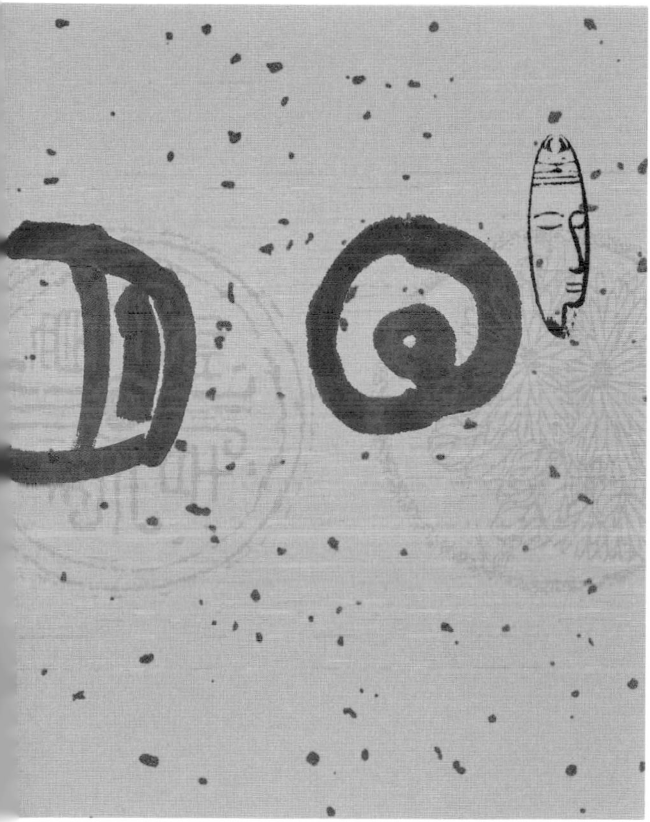

法華經者發真正菩提心的當體，

其心猶如大海水般清涼而澄淨，其心安住深法海，

如淨水珠能澄清諸濁水，而自淨其意。

三人行
拾得

空相不
滅是故
無眼耳
觸法無
明亦無
老死盡

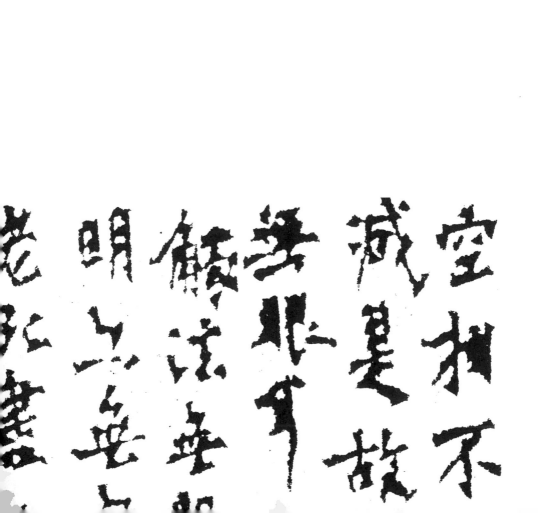

般若
觀自在
蜜多時
菩厄舍
色不異即
行識亦

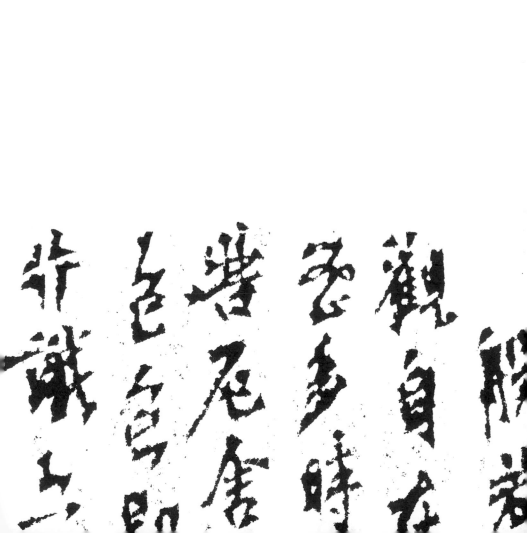

己心可知，傳遞於那法師功德品妙意根之「淨明鏡」像，

儼如澄淨之水，圓瑩之珠，雖寂寂而光呑影落。

二千一十九年秋

人，生活於時空，在歷境驗心的交會裏，

宛若密葉繁華相庇映，華中悉結妙香果，枝間妙光遍照，

妙香氛氳共旋繞於身息心道場中。

日夜吉祥
二〇一九

佛说吉祥经

獨自一人思惟修，獨自一人感知一呼一吸，
獨自一人了然己心生滅起伏。
在生命的每一個角落，照于一隅，
這是生命勇敢的力量。

人，如何成就法華經者，平等獨立無畏的精神呢，

一念即無念，一念心是心的歸依。

師法自然

诸佛

光照

念佛，念一句南無大慈大悲觀世音菩薩，
是自己念到本性念上、自性念上，
所謂念念回歸消歸自性，觀音菩薩是修自性，所以是「聞性」。
「念佛不離心、念念從心起。」

弘願深
如海

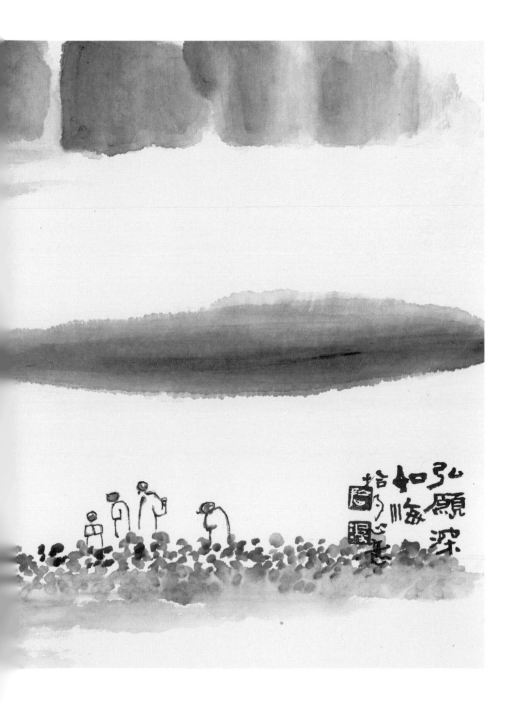

六波羅蜜多
成佛之道本於

法華經者的修行道場，在於禪之一字的行持「息心」上，
照見五陰皆空的真實不虛度一切苦厄。

「佛之知見」，吾視之為「正法眼藏」，

正法眼藏乃由無塵智照的如來藏所顯發之佛眼法眼慧眼，

是慧命的境地。

慈眼視衆生

無量慧光
廣被羣倫

悠閒十方

我們修行也是漸頓調柔，「念佛心、心中佛、常念佛」，

淨業種子漸成長，慧業漸增長。

逸筆寫意
時居
護法山
士冬
之中

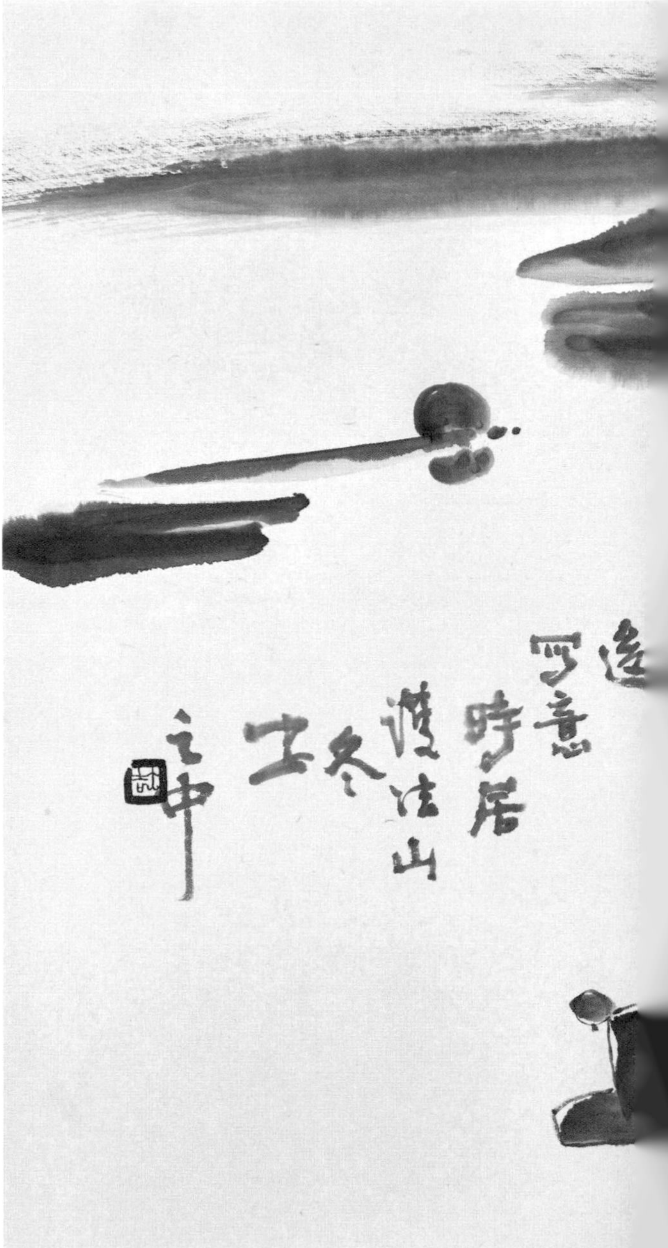

合眾觀日

上馬上

雪下

現急念

暖陽

昭水

二〇八寒念丹

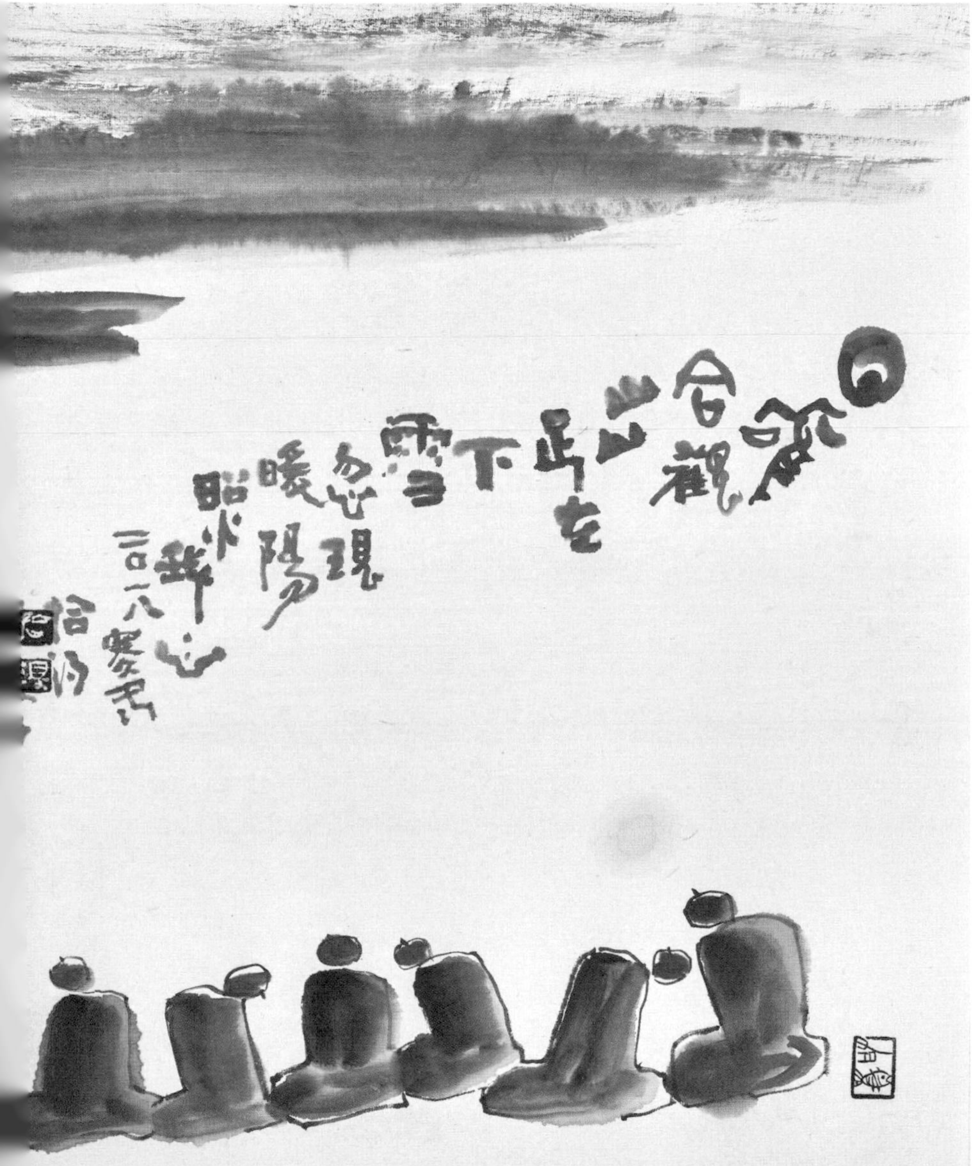

無念是修禪學佛最高境界，所謂供養一百個阿羅漢，

不如供養一個無心（無念）道人。

善士
拾

向上一路

學習三法印

是善導師

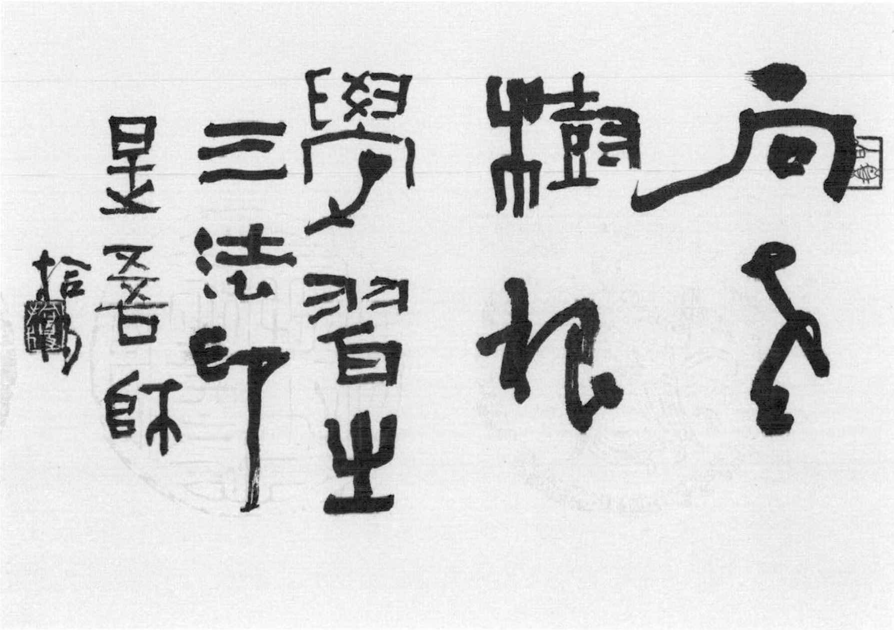

不退轉
詩拾得

吾人於不平等之事物眾相中，
能悟現有平等一如之自性，
則依此湛然寂照之自性慧命，
為日常生活之鑑照，
平等心量則現矣。

這人世間最美、最令人驚豔的東西，

是肉眼看不見、手觸覺不到的，

它是絕塵勞的自覺觀照，

所顯的一念現前正觀現前。

三法印
深信三寶
悟入三法印

千山萬山
二千十九年

宇宙間最令人感動者，慈悲是個方向，

人因慈悲而有一條寬闊的思考之路。

心念的波動是宿生帶來的，人碰到心中難題時，

身邊的親朋好友是欲助不能，所以最能解除伏結煩惱的是己心，

心解脫了，智慧自能成辦生命中的一切事物。

許悔之

主編簡介

一九六六年生，台灣桃園人，國立台北工專（現改制為國立台北科技大學）化工科畢業。曾獲多種文學獎項及雜誌編輯金鼎獎。曾任《自由時報》副刊主編、《聯合文學》雜誌及出版社總編輯。現為有鹿文化社長、國家文化藝術基金會董事。

著有詩、散文、童書多冊，作品被翻譯為英文、日文出版。

二〇一七年起，藝術創作的手墨作品，陸續參加台北國際藝術博覽會、上海城市藝術博覽會、Art Plus Shanghai、台北市立美術館……等多種聯展，並舉辦個展數次。

看世界的方法182

寶鈴敦觸妙音 共聽心音筆記書

文字　釋悟觀
書畫印　釋拾得
主編　許悔之
美術設計　Most of Hou
責任編輯　林煜幃

董事長　林明燕
副董事長　林良珀
藝術總監　黃寶萍
執行顧問　謝恩仁

社長　許悔之
總編輯　林煜幃
副總經理　李曙辛
主編　施彥如
美術編輯　吳佳璘
企劃編輯　魏于婷

策略顧問　黃惠美・郭旭原・郭思敏・郭孟君
顧問　林子敬・詹德茂・謝恩仁・林志隆
法律顧問　國際通商法律事務所／邵瓊慧律師

出版　有鹿文化事業有限公司
地址　台北市大安區信義路三段106號10樓之4
電話　02-2700-8388
傳真　02-2700-8178
網址　www.uniqueroute.com
電子信箱　service@uniqueroute.com

製版印刷　沐春行銷創意有限公司

總經銷　紅螞蟻圖書有限公司
地址　台北市內湖區舊宗路二段121巷19號
電話　02-2795-3656
傳真　02-2795-4100
網址　www.e-redant.com

ISBN：978-986-99530-4-7
初版：2020年10月
定價：250元

國家圖書館出版品預行編目(CIP)資料

寶鈴敦觸妙音：共聽心音筆記書 / 釋悟觀文字.
—初版.— 臺北市：
有鹿文化, 2020.10　面；　公分.
—(看世界的方法；182)
ISBN 978-986-99530-4-7 (平裝)　1.法華部
221.5　109015105

釋拾得

書畫印創作者簡介

一九五六年生，俗名朱琇嬰，法名釋如撿，號拾得。法師少年時家境窘迫，父母親愛並助成，得北上就讀「國立藝專」（今「國立台灣藝術大學」），刻苦工讀。

母親因病，不捨於花錢就醫，只為助成拾得法師就學、習藝；母親旋捨報，法師自此深解「緣起、苦、空、無常」，覺知與生活遂如「半僧」；日後因緣具足，一九九一年，禮真本和尚尼披剃出家；一九九三年，受具足戒於新竹玄奘大學。

法師青年時曾以國立藝專書法篆刻第一名畢業；出家後，曾棄藝，喜禪修喜大自然，專注修行。

之後心性圓明，「九二一大地震」之後，法師通曉空中有無、萬象無礙，而書、畫、印亦行禪也，亦佛事也。拾得法師心儀並學習弘一大師精神，「有聲無聲，由禪入書，以書出禪」──遂重拾腕下藝事，書畫印皆淵遠真純俱得，直涉微妙本心，道業與藝業遂如車之雙輪、鳥之雙翼，任運自在，於海內外展出多次，為世所推崇。